IMPRIMÉ

A .XXXVI. EXEMPLAIRES

PAR

LES SOINS DE G. S. TREBUTIEN

CHEZ

HARDEL A CAEN

M. DCCC LIV.

A

MON TRÈS-CHER AMI ET ÉDITEUR

G.-S. TREBUTIEN.

A qui dédier ces vers, qui devraient peut-être rester inédits ?... En vous les offrant, je ne vous les donne pas : je vous les restitue... Vous qui savez éditer comme Benvenuto Cellini ciselait, vous avez taillé mes cailloux comme on taille des diamants; et par là, vous avez fait vôtres et presque précieuses, ces quelques pierres brutes, noires et couleur de sang, dans lesquelles, sans vous, la lumière n'aurait jamais joué.

Jules BARBEY D'AUREVILLY.

Paris, 15 août 1853.

I.

« Oh ! pourquoi voyager ? » as-tu dit. C'est que l'âme
Se prend de longs ennuis et partout et toujours ;
C'est qu'il est un désir, ardent comme une flamme,
Qui, nos amours éteints, survit à nos amours !
C'est qu'on est mal ici, — comme les hirondelles,
Un vague instinct d'aller nous dévore à mourir ;
C'est qu'à nos cœurs, mon Dieu ! vous avez mis des ailes.
        Voilà pourquoi je veux partir !

C'est que le cœur hennit en pensant aux voyages,
Plus fort que le coursier qui sellé nous attend ;

C'est qu'il est dans le nom des plus lointains rivages
Des charmes sans pareils à celui qui l'entend ;
Irrésistible appel, ranz des vaches pour l'âme,
Qui cherche son pays perdu — dans l'avenir ;
C'est fier comme un clairon, doux comme un chant de femme.
        Voilà pourquoi je veux partir !

C'est que toi, pauvre enfant et si jeune et si belle,
Qui vivais près de nous et couchais sur nos cœurs,
Tu n'as pas su dompter cette force rebelle
Qui nous jeta vers toi, pour nous pousser ailleurs !
Tu n'as plus de mystère au fond de ton sourire,
Nous le connaissons trop pour jamais revenir ;
La chaine des baisers se rompt, — l'amour expire...
        Voilà pourquoi je veux partir !

En vain tout en pleurant, la femme qui nous aime
Viendrait à notre épaule agrafer nos manteaux,
Nous resterions glacés à cet instant suprême :

À trop couler pour nous des pleurs ne sont plus beaux.

Nous n'entendrions plus cette voix qui répète

« Oh ! pourquoi voyager ? » dans un tendre soupir,

Et nous dirions adieu sans retourner la tête.

Voilà pourquoi je veux partir !

Oh ! ne m'accuse pas, accuse la nature,

Accuse Dieu plutôt, — mais ne m'accuse pas !

Est-ce ma faute, à moi, si dans la vie obscure

Mes yeux ont soif de jour, — mes pieds ont soif de pas ?

Si je n'ai pu rester à languir sur ta couche,

Si tes bras m'étouffaient sans me faire mourir,

S'il me fallait plus d'air qu'il n'en peut dans ta bouche...

Voilà pourquoi je veux partir !

Pourquoi ne pouvais-tu suffire à ma pensée ?

Et tes yeux n'être plus que mes seuls horizons ?

Pourquoi ne pas cacher ma tête reposée

Sous les abris d'or pur de tes longs cheveux blonds ?

Comme la jeune épouse endormie à l'aurore,

La fleur d'amour, comme elle, au soir va se rouvrir...
Mais si l'amour n'est plus, pourquoi de l'âme encore ?
Voilà pourquoi je veux partir !

Tu ne la connais pas cette vie ennuyée,
Lasse de pendre au mât, avide d'ouragan.
Toi, tu restes toujours sur ton coude appuyée
A voir stagner la tienne ainsi qu'un bel étang.
Reste-s-y ; — mon amour fut l'ombre d'un nuage
Sur l'étang, — le soleil y reviendra frémir !
Tu ne garderas pas trace de mon passage...
Voilà pourquoi je veux partir !

O coupe de vermeil où j'ai puisé la vie,
Je ne t'emporte pas dans mon sein tout glacé ;
Reste derrière moi, reste à demi-remplie,
Offrande à l'avenir et débris du passé !
Je peux boire à présent, sans que trop il m'en coûte,
Un breuvage moins doux et moins prompt à tarir,

Dans le creux de mes mains, aux fossés de la route...
>> Voilà pourquoi je veux partir !

Mais si c'est t'offenser que partir, oh ! pardonne ;
Quoique de ces douleurs dont tu n'eus point ta part,
Rien, hélas ! — (et pourtant autrefois tu fus bonne)
Ne saurait racheter le crime du départ.
Pourquoi t'associrais-je à mon triste voyage ?
Lorsque tu le pourrais, oserais-tu venir ?
Plus sombre que Lara, je n'aurai point de page...
>> Voilà pourquoi je veux partir !

Et qu'importe un pardon ! — innocent ou coupable,
On n'est jamais fidèle ou parjure à moitié ;
Le cœur sans être dur, demeure inébranlable
Et l'oubli lui vaut mieux qu'une vaine pitié.
Ah ! l'oubli ! quel repos quand notre âme est lassée !
Endors-toi dans ses bras sans rêver ni souffrir...

Je ne veux rien de toi... pas même une pensée ;
Voilà pourquoi je veux partir !

Car il est, tu le sais, ô femme abandonnée,
Un voyageur plus vieux, plus sans pitié que moi,
Et ce n'est pas un jour, quelques mois, une année,
Mais c'est tout qu'il doit prendre aux autres comme à toi ;
Tels que des épis d'or sciés d'une main avide,
Il prend beauté, bonheur et jusqu'au souvenir,
Fait sa gerbe et s'en va du champ qu'il laisse aride...
Voilà pourquoi je veux partir !

Oui, partir avant lui, partir avant qu'il vienne !
Te laisser belle encor sous tes pleurs répandus,
Ne pas chercher ta main qui froidit dans la mienne,
Et sous un front terni, tes yeux, astres perdus !
N'eût-on que le respect de celle qui fut belle,
Il faudrait s'épargner de la voir se flétrir,
Puisque Dieu ne veut pas qu'elle soit immortelle !
Voilà pourquoi je veux partir !

II.

A . . . . .

Si tu pleures jamais, que ce soit en silence,
Si l'on te voit pleurer, essuie au moins tes pleurs !
Car tu ne peux trouver au fond de ta souffrance
Le calme fier qui naît des injustes douleurs.

Non, tu ne le peux pas. Si ta vie est brisée,
Qui me brisa le cœur où tu vivais ? Dis-moi,
Dis-moi qui l'a voulu, si je t'ai délaissée ?
Tes pleurs amers et vains n'accuseraient que toi !

Les femmes sont ainsi ! Que je t'eusse trahie,
Tu reviendrais m'offrir à genoux mon pardon.
Si tu m'aimais, pourquoi cette triste folie
D'implorer de l'amour la fuite et l'abandon ?

Mon orgueil t'obéit sans risquer un murmure.
A ce monde sans cœur je cache mes regrets ;
Sous un dédain léger je voile ma torture,
Et si bien, — que toi-même aussi t'y tromperais !

Et tu m'aimas pourtant ! Amour triste et rapide !
Ne me semblait-il pas le plus profond des deux ?
Sans moi de quel bonheur étais-tu donc avide,
Puisqu'avec moi jamais tu n'avais l'air heureux ?

Mais à présent sans moi plus heureuse, j'espère,
Si tu penses parfois à celui qui t'aimait,
Ne te repens-tu pas d'avoir fait un mystère
Du mal que tu cachais et qui l'inquiétait ?

Et si tu t'en repens, cache-le dans ton âme.
Tout n'est-il pas, hélas ! entre nous consommé ?
O toi qui n'eus jamais l'abandon d'une femme,
Reste ce que tu fus, ô blond Sphinx trop aimé !

III.

À . . . .

Oh ! comme tu vieillis ! tu n'en es pas moins belle ;

Ton front au poids des ans refuse de fléchir.

La rose de ta lèvre est peut-être éternelle,

Puisque pleurs ni baisers, rien n'a pu la flétrir !

Oh ! comme tu vieillis ! je te retrouve toute,

Comme autrefois, — après deux ans d'amour cueillis !

Mais sur ce cœur à toi, Clary, Clary, tu doute...

  Pauvre enfant, comme tu vieillis !

IV.

L'ÉCHANSON.

A CLARY.

Tu ne sais pas, Clary, quand, heureuse, ravie,

Tu me tends ton épaule et ton front tour à tour,

Que dans la double coupe où je puise la vie

Il est un autre goût que celui de l'amour...

O ma chère Clary, tu ne sais pas sans doute

Qu'il est derrière nous un funèbre Echanson,

Dont la main doit verser d'abord goutte par goutte

Dans tout amour un froid poison.

Dès que nous nous aimons, cet Echanson terrible
Apparaît, — et grandit, comme un spectre fatal ;
Il ne nous quitte plus... présent, quoiqu'invisible,
De l'amour partagé mystérieux vassal.
Partout où nous allons, comme un sinistre Page,
Il s'attache à nos pas, il se tient à nos flancs,
Et l'horrible poison que d'abord il ménage
      Bientôt il le verse à torrents !

Il le verse et l'on boit... Dans les yeux qu'on adore,
Du poison répandu naissent, hélas ! des pleurs ;
Ils coulent, on les boit ; — mais lui, lui verse encore,
Et le poison cruel a filtré dans les cœurs !
Il verse ; — et le baiser se glace aux lèvres pures,
Il verse ; — et tout périt des plus fraîches amours !
Mais comme indifférent à tant de flétrissures,
      L'Empoisonneur verse toujours !...

Ne l'as-tu jamais vu ce pâle et noir Génie

Qui naît avec l'amour pour le faire mourir?

N'as-tu jamais senti se glisser dans ta vie

Le poison qui, plus tard, doit si bien la flétrir?

N'as-tu jamais senti sur tes lèvres avides

De l'Echanson de mort le philtre affreux passer?...

Car le jour n'est pas loin peut-être où, les mains vides,

       Il n'aura plus rien à verser!

Et quand ce jour-là vient, tout est fini pour l'âme;

Tous les regrets sont vains, tous les pleurs superflus!

L'amant n'est plus qu'un homme et l'amante, une femme;

Et ceux qui s'aimaient tant, hélas! ne s'aiment plus!

Une clarté jaillit, une clarté cruelle

Qui montre les débris du cœur brisé, vaincu;

Ce n'est plus toi, dit-il, — ce n'est plus toi, dit-elle, —

       Le masque tombe et l'on s'est vu.

O ma pauvre Clary, ma fidèle maîtresse,

Nous verrons-nous un jour ainsi (destin jaloux!)

Sans ce masque divin que nous met la jeunesse,

Masque d'illusions, cent fois plus beau que nous ?

Verrons-nous, ma Clary, — Grand Dieu, faut-il le croire ?—

Le noir Empoisonneur entre nous quelque jour,

Tout prêt à nous verser à nous tout prêts à boire

      L'effroyable ennui de l'amour ?

Hélas ! c'est déjà fait... j'ai bu du froid breuvage

Que l'Echanson de mort verse — et qu'il faut tarir ;

Et j'ai senti, Clary, chaque jour davantage

Que je l'épuiserais sans pouvoir en mourir !

S'il t'est doux de m'aimer, préserve ta tendresse,

Ne bois pas que bien tard, bien longtemps après moi !

Et rêve encor l'amour du cœur qui te délaisse...

      Du triste cœur qui *fut* à toi !

LA BEAUTÉ.

A ARMANCE.

Eh quoi, vous vous plaignez, vous aussi, de la vie !
Vous avez des douleurs, des ennuis, des dégoûts !
Un dard sans force aux yeux, sur la lèvre une lie,
Et du mépris au cœur, — hélas, c'est comme nous !
Lie aux lèvres ? — poison, reste brûlant du verre ;
Dard aux yeux ? — rapporté mi-brisé des combats ;
Et dans le cœur mépris ? — Eternel Sagittaire
      Dont le carquois ne tarit pas !

Vous avez tout cela, — comme nous, ó Madame !
En vain Dieu répandit ses sourires sur vous.

2

La Beauté n'est donc pas tout non plus pour la femme,
Comme en la maudissant nous disions à genoux !
Et comme tant de fois, dans vos soirs de conquête,
Vous l'ont dit vos amants, en des transports perdus,
Et que pâle d'ennui vous détourniez la tête,

 O Dieu ! n'y pensant déjà plus !...

Ah ! non, tu n'es pas tout, Beauté, — même pour celle
Qui se mirait avec le plus d'orgueil en toi,
Et qui, ne cachant pas sa fierté d'être belle,
Plongeait les plus grands cœurs dans l'amour et l'effroi !
Ah ! non, tu n'es pas tout ! — C'est affreux, mais pardonne ;
Si l'homme eût pu choisir, il n'eût rien pris après,
Car il a cru longtemps, au bonheur que tu donnes,

 Beauté ! que tu lui suffirais !

Mais l'homme s'est trompé, je t'en atteste, Armance !
Qui t'enivrais de toi comme eût fait un amant
Puisant à pleines mains dans ta propre existence,

Comme un homme qui boit l'eau d'un fleuve en plongeant.

Pour me convaincre, hélas! montre-toi tout entière.

Dis-moi ce que tu sais... l'amère vérité.

Ce n'est pas un manteau qui cache ta misère,

     C'est la splendeur de la Beauté!

Dis-moi ce que tu sais... de ta pâleur livide

Que des tempes jamais tes mains n'arracheront,

Et qui semble couler d'une coupe homicide

Que le Destin railleur renversa sur ton front;

De ton sourcil froncé, de l'effort de ton rire,

De la voix qui nous ment, de ton œil qui se tait,

De tout ce qui nous trompe, hélas! et qu'on admire,

     Ah! fais-moi jaillir ton secret!

Dis tout ce que tu sais... Rêves, douleur et honte,

Désirs inassouvis par des baisers cuisants,

Nuits, combats, voluptés, souillures qu'on affronte

Dans l'infâme fureur des échevèlements!

Couche qui n'est pas vide et qu'on fuit, — fatale heure
De la coupable nuit dont même on ne veut plus,
Et qu'on s'en va finir — au balcon, — où l'on pleure,
Et qui transit les coudes nus!

Ah! plutôt ne dis rien! car je sais tout, Madame.
Je sais que le Bonheur habite de beaux bras,
Mais il ne passe pas toujours des bras dans l'âme...
On donne le bonheur, on ne le reçoit pas!
La coupe où nous buvons n'éprouve pas l'ivresse
Qu'elle verse à nos cœurs, brûlante volupté.
Vous avez la beauté, — mais un peu de tendresse,
Mais le bonheur senti de la moindre caresse
Vaut encor mieux que la Beauté.

VI.

A LA MÊME.

Vous voulez donc que sur la blanche page,
Fruits d'un arbre flétri, soient écrits quelques vers ?
Oh ! pourquoi votre cœur n'a-t-il pas pour image
Ces candides feuillets à mes regrets ouverts !
J'essaîrais d'y tracer peut-être avec délices
Le doux mot qu'en raillant vous dites chaque jour ;
Mais votre cœur, hélas ! est si plein de caprices,
    Que la place y manque à l'amour !

VII.

A ...

Si j'avais, sous ma mantille,
  Cet œil gris de lin,
Et cette svelte cheville
Dans mon svelte brodequin ;

Si j'avais ta morbidesse,
  Tes cheveux dorés,
Retombant en double tresse,
Jusque sur mes reins cambrés !

Si j'avais, ô ma pensée,

Dans mon corset blanc,
Ta blonde épaule irisée
D'un duvet étincelant !

. . . .
. . . . . .
. . . .
. . . .

Enfin si je semblais faite
Pour donner la loi,
Je serais, ô ma Paulette,
Une coquette
Plus coquette encor que toi !

Je voudrais être une reine
Fière comme un paon,

Dont on aurait grande peine
A baiser le bout du gant.

Je ne serais pas de celles
    Froides à moitié,
Qui, d'abord, font les cruelles
Et puis après ont pitié.

Je serais une tigresse,
    Rebelle aux amours,
Cachant la griffe traîtresse
Dans ma patte de velours!

Je ferais souffrir aux âmes
    Mille bons tourments,
Et je vengerais les femmes
De tous leurs fripons d'amants!

Et sans l'éventail qui cache

Deux beaux yeux moqueurs
Je rirais, sur leur moustache,
De leur flamme et de leurs pleurs !

Et je passerais ma vie
    A les désoler,
Et je serais si jolie
Qu'il leur faudrait bien m'aimer !!

Et puis, si d'aimer l'envie
    Un jour me prenait,
Je n'aurais de fantaisie
Que pour celui qui dirait :

Si comme toi j'étais faite
    Pour donner la loi,
Je serais une coquette,
    O ma Paulette,
Plus coquette encor que toi !

Aime-moi donc, ma Paulette,
O mon blond trésor !
Aimer un fat? toi, coquette !
Ce sera t'aimer encor !

VIII.

A ROGER DE B.

EN

LUI ENVOYANT LA *BAGUE D'ANNIBAL*.

Poëte de cape et d'épée,

A qui n'a jamais résisté

Ni la Muse ni la Beauté,

Ni la Grâce désoccupée,

Thaumaturge d'amour, qui peux d'une poupée

Faire un démon de volupté!

Tu redemandes cette histoire

Qu'aux temps si fous de mon passé,

J'écrivis, *un soir*, de mémoire
Avec de l'encre rose et noire,
Et la gaîté d'un cœur brisé.

Revois ce portrait d'une femme
Dont le sourire était mortel ,
Argile inaccessible aux chaleurs de la flamme,
Corps charmant, mais vide d'une âme...
C'est de la vengeance... au pastel!

Une vengeance.. faible chose !
Qui ne rachète rien des maux qu'on a soufferts !
Elle s'énerve dans ma prose..
Mais comme un fort poison dans des parfums de rose ,
Elle enivrerait dans tes vers !

IX.

SAIGNE, MON CŒUR !

Saigne, saigne, mon cœur.. saigne ! je veux sourire.
Ton sang teindra ma lèvre et je cacherai mieux
Dans sa couleur de pourpre et dans ses plis joyeux,
    La torture qui me déchire.

Saigne, saigne, mon cœur, saigne plus lentement.
Prends garde ! on t'entendrait... saigne dans le silence
Comme un cœur épuisé qui déjà saigna tant,
    A bout de sang et de souffrance !

Quand parmi les sans-cœurs, pauvre cœur, je te traîne,
Sous mon frac étriqué, tu saignes dans ta nuit.

Les six lignes de chair de la poitrine humaine
Pourraient trahir ton faible bruit.

Mais je ne permets pas aux hommes de la foule,
Insolents curieux de tout cruel destin,
De t'approcher, cœur fier, pour entendre en mon sein
Dégoutter ton sang qui s'écoule.

Saigne, saigne, mon cœur... j'étoufferai l'haleine
Qui pourra't, à l'odeur, révéler le martyr !
Saigne et meurs, cœur maudit... car la Samaritaine
Manque à jamais pour te guérir !

X.

LES NÉNUPHARS.

Allons, bel oiseau bleu, venez chanter votre romance à Madame...
(Suzanne.)

« Vous ne mettrez jamais dans
« votre Flore amoureuse, le Nénu-
« phar blanc qui s'appelle...... »
(Une première lettre.)

I.

Nénuphars blancs, ô lis des eaux limpides,
Neige montant du fond de leur azur,
Qui, sommeillant sur vos tiges humides,
Avez besoin, pour dormir, d'un lit pur;

Fleurs de pudeur, oui, vous êtes trop fières
Pour vous laisser cueillir... et vivre après.
Nénuphars blancs, dormez sur vos rivières !
Je ne vous cueillerai jamais !

II.

Nénuphars blancs, ô fleurs des eaux rêveuses,
Si vous rêvez, à quoi donc rêvez-vous ?...
Car pour rêver, il faut être amoureuses,
Il faut avoir le cœur pris... ou jaloux ;
Mais vous, ô fleurs que l'eau baigne et protège,
Pour vous, rêver.. c'est aspirer le frais !
Nénuphars blancs, dormez dans votre neige !
Je ne vous cueillerai jamais !

III.

Nénuphars blancs, fleurs des eaux engourdies
Dont la blancheur fait froid aux cœurs ardents,

Qui vous plongez dans vos eaux détiédies,

Quand le soleil y luit, Nénuphars blancs !

Restez cachés aux anses des rivières,

Dans les brouillards, sous les saules épais...

Des fleurs de Dieu vous êtes les dernières !

    Je ne vous cueillerai jamais !

XI.

A . . . .

1.

Je vivais sans cœur, — tu vivais sans flamme,
Incomplets, mais faits pour un sort plus beau,
Tu pris de mes sens, — je pris de ton âme,
Et tous deux ainsi nous nous partageâme,
Mais c'est toi qui fis le meilleur cadeau !

2.

Oui, c'est toi, merci.. C'est toi, sainte femme,
Qui m'as fait sentir le profond amour...
Je mis de ma nuit dans ta blancheur d'âme,
Mais toi, dans la mienne, as mis le grand jour !

3.

Je tombais, tombais,... cet Ange fidèle

Qui suit les cœurs purs ne me suivait pas..

Pour me soutenir me manquait son aile..

Mais Dieu m'entr'ouvrit ton cœur et tes bras !

4.

Et j'aime tes bras.. tes bras, mieux qu'une aile ,

Car une aile, hélas ! sert à nous quitter :

L'Ange ailé s'en va, lorsque Dieu l'appelle,..

Tandis que des bras servent à rester !

Porte-Maillot, Jeudi Saint 1852.

XII.

LA MAITRESSE ROUSSE.

I.

Je pris pour maître, un jour, une rude Maîtresse,
Plus fauve qu'un jaguar, plus rousse qu'un lion!
Je l'aimais ardemment, — âprement, — sans tendresse, —
Avec possession plus qu'adoration!
C'était ma rage, à moi! la dernière folie
Qui saisit, — quand, touché par l'âge et le malheur,
On sent, au fond de soi, la jeunesse finie...
Car le soleil des jours monte encor dans la vie,

Qu'il s'en va baissant dans le cœur!

II.

Je l'aimais ! et jamais je n'avais assez d'elle !
Je lui disais : « Démon des dernières amours,
« Salamandre d'enfer, à l'ivresse mortelle,
« Quand les cœurs sont si froids, embrase-moi toujours !
« Verse-moi, dans tes feux, les feux que je regrette,
« Ces beaux feux qu'autrefois j'allumais d'un regard !
« Rajeunis le rêveur, réchauffe le poëte,
« Et puisqu'il faut mourir, que je meure, ô Fillette !
« Sous les morsures de jaguar ! »

III.

Alors, je la prenais dans son corset de verre,
Et sur ma lèvre en feu, qu'elle enflammait encor,
J'aimais à la pencher, coupe ardente et légère,
Cette rousse beauté, ce poison dans de l'or !

Et c'étaient des baisers !... Jamais, jamais vampire
Ne suça d'une enfant le cou charmant et frais,
Comme moi je suçais, ô ma rousse hétaïre,
La lèvre de cristal où buvait mon délire
    Et sur laquelle tu brûlais !

IV.

Et je sentais alors ta foudroyante haleine,
Qui passait dans la mienne — et tombant dans mon cœur
Y redoublait la vie, en effaçait la peine,
Et pour quelques instants en ravivait l'ardeur !
Alors, Fille de Feu, maîtresse sans rivale,
J'aimais à me sentir incendié par toi
Et voulais m'endormir, l'air joyeux, le front pâle,
Sur un bûcher brillant comme Sardanapale,
    Et le bûcher était en moi !

V.

« Ah ! du moins celle-là sait nous rester fidèle, —
« Me disais-je, — et la main la retrouve toujours,
« Toujours prête à qui l'aime et vit altéré d'elle
« Et veut, dans son amour, perdre tous ses amours ! »
Un jour elles s'en vont, nos plus chères maîtresses ;
Par elles, de l'Oubli nous buvons le poison,
Tandis que cette Rousse, indomptable aux caresses,
Peut nous tuer aussi , — mais à force d'ivresses
      Et non pas par la trahison !

VI.

Et je la préférais, féroce, mais sincère,
A ces douces beautés, au sourire trompeur,
Payant les cœurs loyaux d'un amour de faussaire !...
Je savais sur quel cœur je dormais sur son cœur !

L'or qu'elle me versait et qui dorait ma vie,

Soleillant dans ma coupe, était un vrai trésor !

Aussi, ce n'était pas pour le temps d'une orgie,

Mais pour l'éternité que je l'avais choisie,

Ma compagne jusqu'à la mort !

VII.

Et toujours agrafée à moi comme une esclave,

Car le tyran se rive aux fers qu'il fait porter,

Je l'emportais partout dans son flacon de lave,

Ma topaze de feu , toujours près d'éclater !

Je ressentais pour elle un amour de corsaire,

Un amour de sauvage, effréné, fol, ardent !

Cet amour qu'Hégésippe avait dans sa misère,

Qui nous tient lieu de tout, quand la vie est amère,

Et qui fit mourir Sheridan !

VIII.

Et c'était un Amour toujours plus implacable,

Toujours plus dévorant, toujours plus insensé !

C'était comme la soif, la soif inexorable

Qu'allumait autrefois le philtre de Circé !

Je te reconnaissais, voluptueux supplice !

Quand l'homme cherche, hélas ! dans ses maux oubliés,

De l'abrutissement le monstrueux délice...

Et n'est, — Circé ! — jamais assez, à son caprice,

  La Bête qui lèche tes pieds !

IX.

Pauvre Amour, — le dernier, — que les heureux du monde,

Dans leur dégoût hautain, s'amusent à flétrir,

Mais que doit excuser toute âme un peu profonde

Et qu'un Dieu de bonté ne voudra point punir !

Pour bien apprécier sa douceur mensongère,
Il faudrait, quand tout brille au plafond du banquet,
Avoir caché ses yeux dans l'ombre de son verre,
Et pleuré dans cette ombre, — et bu la larme amère
    Qui tombait et qui s'y fondait !

X.

Un soir, je la buvais, cette larme en silence...
Et, replongeant ma lèvre entre tes lèvres d'or,
Je venais de reprendre, ô ma sombre Démence !
L'ironie, et l'ivresse et du courage encor !
L'Esprit, — l'Aigle vengeur qui plane sur la vie, —
Revenait à ma lèvre, à son sanglant perchoir...
J'allais recommencer mes accès de folie
Et rire de nouveau du rire qui défie !...
    Quand une femme, en corset noir.

XI.

Une femme... je crus que c'était une femme,

Mais depuis... ah ! j'ai vu combien je me trompais !

Et que c'était un Ange, et que c'était une Ame

De rafraîchissement, de lumière et de paix !

Au milieu de nous tous, charmante Solitaire,

Elle avait les yeux pleins de toutes les pitiés.

Elle prit ses gants blancs, et les mit dans mon verre,

Et me dit, en riant, de sa voix douce et claire :

    « Je ne veux plus que vous buviez ! »

XII.

Et ce simple mot-là décida de ma vie,

Et fut le coup de Dieu, qui changea mon destin !

Et quand elle le dit, sûre d'être obéie,

Sa main vint chastement s'appuyer sur ma main !

Et, depuis ce temps-là, j'allai chercher l'ivresse
Ailleurs... que dans la coupe où bouillait ton poison,
Sorcière abandonnée! ô ma **Rousse Maîtresse**!!!
Bel exemple de plus, que **Dieu**, dans sa sagesse,
Mit l'Ange au-dessus du Démon!

À Paris, 11 novembre 1854 :
à quatre heures du soir.

FIN.

TABLE.